Sylvie Baussier

La mythologie et ses super-héros

LES ESSENTIELS MILAN JUNIOR

Sommaire

Introduction

Pourquoi les mythes ?

Où trouve-t-on des mythes ?

Que racontent les mythes ?

Pour les plus curieux

L'homme a créé les dieux, les dieux ont créé l'homme

Qui a créé qui ?

Les dieux ont travaillé dur pour créer la Terre, les océans, puis les animaux et les plantes, les hommes et leurs cités. En tous cas, les hommes en ont longtemps été persuadés, qu'ils habitent en Égypte ou en Grèce, en Amérique ou au Japon. Quand ils regardaient le ciel, ils y voyaient bien plus que des nuages et du soleil ; ils y inventaient des dieux créateurs de l'Univers. Leurs prières et la fumée de leurs sacrifices montaient vers ces êtres mystérieux et puissants. Ces êtres dont les mythes racontent les actions merveilleuses.

Si ces dieux avaient eu un journal, qu'auraient-ils écrit ?

Naissances

Grèce : Zeus et Héra ont le plaisir de vous faire part de la naissance de leur fils Arès, dieu de la guerre. Vikings : le dieu du feu Loki et la géante Angrboda ont la joie de vous annoncer la naissance de leur terrible « petit loup » Fenrir.

Offres d'emploi

Dieux Annunaki cherchent divinités musclées pour fabriquer la Mésopotamie à leur place. Travail physique mais motivant : création de cours d'eau, de montagnes et de déserts. Communiquez vos candidatures en dehors des heures de festin.

Studios Disney cherchent personnage mythique drôle et courageux pour leur prochain dessin animé.

Écrire au journal qui transmettra.

Urgent

Déesse Isis offre forte récompense à qui sauvera son fils Horus de la piqûre d'un scorpion. (Le dieu Thot y parviendra.)
Tribus aztèques ont besoin d'un guide pour les aider à trouver une terre où bâtir leur première ville. (Huitzilopochtli répondra.)
Manu, homme sage et bon, cherche protection divine pour échapper au déluge. Sérieuses références.

Qu'est-ce qu'un mythe ?

Héros de la mythologie grecque, Ulysse a vécu de nombreuses aventures, racontées par Homère dans l'*Iliade* et l'*Odyssée*. Le peintre Gustave Moreau immortalise ici la rencontre d'Ulysse avec les sirènes, qui s'amusent à provoquer des naufrages par leur chant ensorceleur.

C'est une histoire extraordinaire qui se passe au commencement de l'Univers. Elle explique comment le monde est né, pourquoi il est ainsi et pas autrement. Ses héros sont l'objet de cultes religieux.

Une histoire fabuleuse

Un mythe peut être peuplé de dieux (êtres supérieurs, d'une grande puissance, à qui les hommes rendent un culte dans une religion donnée), mais aussi de monstres en tous genres : cyclopes, reptiles à plusieurs têtes (huit au Japon, neuf en Grèce), loup sanguinaire (Vikings)… Cette histoire se passe dans des temps si anciens qu'aucun humain n'en a été témoin. Pourtant, dans une société déterminée, tout le monde y croit, pas seulement les enfants !

Le savais-tu ?

Pas de culte pour Blanche-Neige

Tu connais des histoires de sorcières, d'ogres ou de chats bottés. Ces légendes ne sont pas des mythes : les adultes ne croient pas à leur réalité, et leurs héros ne sont pas l'objet d'un culte religieux. Pourtant la frontière n'est pas toujours simple à tracer. Un mythe peut se transformer en simple légende au fil des siècles, par exemple.

Un récit logique

Ces étranges personnages ne font pas n'importe quoi. Leurs actions obéissent à une logique implacable, qui rend le récit vraisemblable. Tel enchaînement d'événements explique tel aspect du monde. Le Titan Prométhée dérobe le feu à Zeus, roi des dieux grecs, pour le donner aux hommes. Zeus, fou de colère, punit Prométhée, mais aussi les humains : sur son ordre,

Héphaïstos, dieu du feu, crée la première femme, Pandore. Elle leur apporte un cadeau empoisonné : une jarre où sont cachés tous les malheurs. Donc, braver les dieux ne peut qu'apporter la misère.

Une lutte contre le chaos

Quand tu vas au cinéma ou que tu lis une histoire, c'est pour te distraire. Les mythes, eux, c'est du sérieux. Ils expliquent aux hommes, de façon imagée et symbolique, comment est né le monde, et ce qu'il faut faire pour qu'il continue à exister. Si les humains n'obéissent pas à certaines règles morales et religieuses, le chaos originel risque de revenir !

Les fondements d'une religion

La religion est là, justement, pour faire respecter ces règles. Les responsables de chaque religion y veillent. Le plus souvent, ce sont des prêtres. Ils organisent des rites en l'honneur des dieux : si les dieux sont contents des hommes, ils n'auront plus envie de les détruire. Donc, le monde continuera à exister. Les Aztèques sacrifient des humains et offrent leur cœur encore chaud aux dieux ; en guise de dîner, les Grecs font monter vers eux le fumet des animaux tués sur l'autel.

Qui, où, comment, pourquoi ?

Les mythes sont un peu comme des réponses à des questions qui ne sont jamais formulées : comment a été créé le monde ? À quoi servent les hommes ? Où va-t-on après la mort ?

dico

Chaos : dans la mythologie grecque, sorte de désordre généralisé qui a précédé la création de toutes choses. Plus généralement, ce mot désigne un grand désordre.

Culte : hommage religieux rendu à une divinité ou à un saint personnage.

Cyclope : géant à l'œil unique, situé au milieu du front, dans la mythologie grecque.

Religion : ensemble de croyances et de rites partagés par une communauté, et reliant le monde des hommes à celui des dieux.

Rites : cérémonies très codifiées qui prennent place dans une religion et dont l'objet est, le plus souvent, d'honorer une divinité.

Titans : dans la mythologie grecque, dieux des premiers temps, qui sont au nombre de douze. Leur mère est Gaïa, la Terre, et leur père est Ouranos, le Ciel étoilé.

Au Mexique, les grands prêtres aztèques procédaient à des sacrifices humains pour honorer leurs dieux. (Gravure de Jules Ferrario, XIXe siècle.)

La transmission des mythes

Les mythes sont des histoires très anciennes. Comment sont nées ces histoires et comment sont-elles parvenues jusqu'à nous ?

Le savais-tu ?

Divines écritures

Dès le IIIe millénaire av. J.-C., les scribes sumériens inscrivent l'histoire de leurs dieux en caractères cunéiformes, sur des tablettes d'argile. Les scribes égyptiens les suivent de près, avec les hiéroglyphes. Dans les deux cas, l'écriture est considérée comme un don des dieux. Le moins qu'on puisse faire, c'est donc de l'utiliser pour célébrer leurs exploits !

Qui a inventé les mythes ?

Il ne faut pas t'imaginer un auteur décidant un beau jour : « Je vais inventer une histoire ; le héros s'appellera Zeus, ce sera un dieu très puissant ; parfois il se transformera en animal pour séduire de belles jeunes filles… » En fait, les mythes sont si anciens que personne ne peut dire qui les a créés. Au début, ils se sont transmis de façon orale, de génération en génération.

Qui les raconte ?

Les paysans travaillent dur aux champs, les artisans forgent, cisèlent, cousent… Tout le monde n'a pas le temps d'apprendre par cœur de longs récits. C'est pourquoi il existe dans certaines civilisations des conteurs professionnels. En Grèce, on les nommait les aèdes, en Afrique noire ce sont les griots. Quel que soit le conteur, il ne récite jamais tout à fait le même texte : il le réinvente à chaque fois qu'il le raconte devant un public, en s'appuyant sur des techniques de mémorisation. C'est pourquoi les traditions orales sont sans cesse en évolution.

En Guinée (Afrique noire), le griot, poète et musicien ambulant, transmet la culture de village en village. Ainsi, aujourd'hui encore, les mythes demeurent vivants.

Dans l'Égypte ancienne, le scribe était un fonctionnaire chargé de rédiger les textes. Comme support, il utilisait des feuilles de papyrus. (Tableau de S. Vladislavovich Bakalalovich, 1901.)

Un auteur mystérieux

L'aède grec Homère a-t-il vraiment existé ? En tous cas, les épopées de l'*Iliade* et de l'*Odyssée*, qui lui sont attribuées, sont des sources précieuses pour la mythologie grecque.

Comment nous sont-ils parvenus ?

Faute d'avoir été écrits, bien des mythes sont perdus à jamais. D'autres, heureusement, ont été tracés sur le papyrus, gravés dans la pierre ou l'argile ; certains d'entre eux ont ainsi traversé les millénaires. Les scribes y ont veillé. Ces traditions ont ensuite été reprises par d'autres lettrés qui, comme le poète Firdousi en Perse, ne voulaient pas que la tradition tombe dans l'oubli.

Des récits en images

Les mythes ne sont pas seulement des mots récités ou écrits. Certains sont racontés en peinture, dans les pyramides égyptiennes ou dans des grottes d'Australie ; d'autres sont chantés et dansés, en Inde par exemple. Des masques rituels, des costumes, des frises ornant des temples peuvent en constituer des témoignages.

dico

Aède : en Grèce, poète qui récitait des œuvres transmises oralement de génération en génération, en s'accompagnant d'une lyre.

Cunéiforme (écriture) : écriture inventée par les Sumériens dès le IIIe millénaire avant J.-C., et dont les éléments ont la forme de clous.

Dieu : voir définition p. 15.

Griot : en Afrique noire, personne qui se déplace de village en village pour dire les récits transmis par la tradition orale.

Homère : aède aveugle qui aurait vécu au VIIe siècle avant J.-C. en Grèce, auteur de l'Iliade et de l'Odyssée, mais dont certains spécialistes remettent l'existence en cause.

Orale (transmission) : façon dont certaines histoires, certains savoirs sont transmis par la parole de génération en génération, surtout lorsqu'il n'en existe pas de forme écrite.

Papyrus : plante qui pousse en Égypte sur les rives du Nil. Les anciens Égyptiens l'utilisaient pour fabriquer des sortes de feuilles sur lesquelles ils écrivaient.

Scribe : personnage qui a appris à lire et à écrire – ce qui est rare dans les sociétés anciennes – et qui, de ce fait, remplit des fonctions religieuses et administratives très importantes.

En Mésopotamie et en Égypte

En Mésopotamie, Mardouk, symbolisé par un dragon à tête de serpent, est le roi des dieux.

Il y a 5 000 ans, les premiers récits mythologiques étaient fixés par écrit, dans le bassin méditerranéen.

Le savais-tu ?

La Perse, terre du bien et du mal

Non loin de la Mésopotamie, en Perse, une autre religion a donné lieu à une vaste mythologie. C'est le zoroastrisme, où la lutte entre le bien et le mal tient une place centrale. Il s'appuie sur une tradition qu'on peut faire remonter à environ 2 000 ans av. J.-C.
Le bien est représenté par le grand dieu Ahura Mazda, le mal par un esprit nommé Angra Mainyu, dont le but est de détruire l'Univers.

Le « pays entre les fleuves »

La Mésopotamie est une zone fertile, arrosée par le Tigre et l'Euphrate. Elle se trouve à l'emplacement de l'actuel Irak. Différents peuples s'y sont installés, dont les Sumériens, et y ont créé de puissantes cités. La plus connue est Babylone. Son dieu, Mardouk, est devenu le roi des dieux quand il a vaincu la terrible Tiamat et ses monstres sanguinaires.

Crainte et respect

Les Mésopotamiens imaginent leurs dieux comme des sortes de princes immortels. Ils les représentent donc comme des humains très grands et très forts. Ils les craignent, car ils savent que ces dieux peuvent les détruire s'ils sont contrariés. Enlil a bien envoyé un déluge quand il les trouvait trop bruyants ! C'est pourquoi, dans chaque cité, on installe une statue de dieu dans une ziggourat, où elle est nourrie et priée.

Le Nil, source de vie

L'Égypte est comme une oasis au milieu du désert. Elle doit ses moissons aux crues du Nil, qui fertilisent les champs, et à la chaleur du Soleil bienfaisant. Pour les Égyptiens, le Soleil est en fait le dieu Rê, dont la course permet au monde de renaître chaque jour, et le Nil en crue est Hâpy. Le monde visible cache ainsi tout un peuple divin : Anubis, dieu à tête de chacal, chargé de l'embaumement, Khnoum, à tête de bélier, créateur des hommes, Thot inventeur des sciences et de l'écriture…

La mort, toute une histoire

Le dieu Seth, symbole des forces maléfiques, est jaloux de son frère Osiris ; il le tue pour devenir roi d'Égypte à sa place. Mais Isis, déesse magicienne, épouse et sœur d'Osiris, retrouve le corps de ce dernier et Anubis lui redonne vie en l'embaumant. Depuis lors, les pharaons et tous les Égyptiens qui en ont les moyens se font embaumer à leur mort dans l'espoir de vivre une seconde vie, comme Osiris.

Un dieu en détrône un autre

C'est en Mésopotamie qu'a été inventée la première écriture au monde. Les mythes les plus anciens que nous connaissons de cette civilisation ont 5 000 ans, les plus récents, 3 500 ans. En 1 500 ans, cette mythologie a évolué : Enlil a cédé la première place à Mardouk, dieu protecteur de la cité de Babylone.

dico

Déluge : débordement d'eau qui recouvre la Terre. Provoqué par Dieu selon la Bible, par l'un des dieux dans certaines religions polythéistes, il punit l'humanité de ses méfaits.

Dieu : voir définition p. 15.

Embaumeur : chez les Égyptiens en particulier, personne qui prépare le corps du mort, puis l'enroule dans des bandelettes afin qu'il reste intact pour son voyage dans l'au-delà.

Enlil : dans la religion des Mésopotamiens, Enlil était le roi des dieux avant d'être détrôné par Mardouk.

Religion : voir définition p. 17.

Tiamat : dans la mythologie de Mésopotamie, sorte de personnage divin féminin qui est en même temps un lieu marin. C'est avec son corps que Mardouk crée l'Univers.

Ziggourat : en Mésopotamie, temple en forme de haute tour à gradins, qui sert à honorer un dieu.

En Grèce

Les Grecs adorent sans cesse leurs dieux : ils les prient chez eux et en travaillant la terre, leur offrent des sacrifices et des fêtes publiques. Ils connaissent tous leur histoire mouvementée.

La tête dans les nuages

Les dieux grecs les plus importants vivent sur le mont Olympe, le plus élevé de Grèce ; c'est pourquoi on les nomme les Olympiens.

Dieux ombrageux et héros courageux

Les dieux grecs sont immortels, mais ressemblent à des hommes. Ils en ont l'aspect : Héphaïstos est laid, Aphrodite, déesse de l'amour, est belle comme le jour. Ils en ont le caractère : Zeus séduit femmes et déesses, ce qui rend son épouse, Héra, folle de jalousie. Les héros, eux, sont des demi-dieux issus d'unions entre mortels et divinités. Forts, justes et courageux, ils bravent mille dangers, comme Héraclès, fils de Zeus, au cours de ses douze travaux.

Violences en tout genre

Les dieux, depuis le début, ne sont pas tendres entre eux : Cronos, fils de Gaïa, la Terre, et d'Ouranos, le Ciel, dévore ses enfants ; dieux et Titans se livrent une bataille sans merci… Chez les humains, ce n'est pas mieux : sans le vouloir, Œdipe tue son père, Laïos, roi de Thèbes, puis épouse sa mère, Jocaste. Mais il est châtié pour ces violences : ainsi l'ordre continue à régner sur le monde. La terre de Grèce n'est pas non plus de tout repos. Héphaïstos, dieu du feu, y fait jaillir le feu des volcans, Poséidon, dieu des mers, déchaîne les vents en tempêtes…

Le savais-tu ?

Les dieux grecs s'installent à Rome

En 146 avant J.-C., la Grèce devient une province romaine. Mais les dieux grecs, eux, gagnent une autre bataille : sous un nom d'emprunt, ils deviennent les divinités des Romains. Zeus est baptisé Jupiter, Arès devient Mars, Athéna est désormais Minerve, mais ils gardent leur histoire, que des auteurs latins tels qu'Ovide enjolivent. Les Romains vont y greffer des héros comme le Troyen Énée, fils d'Aphrodite, dont les descendants seraient les fondateurs de Rome.

À votre place, les hommes !

Gare à qui veut égaler les dieux ! Prométhée vole le feu divin ? Zeus le fait enchaîner sur le mont Caucase où, chaque jour, un aigle dévore son foie, qui repousse sans cesse. Et gare aux humains irrespectueux ! Pour les punir, Zeus leur envoie un terrible déluge. Tout cela n'empêche pas les Olympiens de se passionner pour les affaires humaines. Ainsi, pendant la guerre de Troie, chaque dieu choisit son camp : Athéna, déesse de la sagesse, et Héra, déesse du mariage, soutiennent les Grecs, Apollon, dieu de la beauté et des arts, est l'allié des Troyens.

Les sources

Dès le Ier millénaire avant J.-C., presque tout l'art grec – vases peints, temples ornés de fresques, textes poétiques, sculptures – chante les louanges des dieux et illustre les différents mythes.

Des naissances très spéciales

Les dieux ont beau ressembler à des hommes, ils naissent souvent de façon inattendue : Athéna surgit, armée et casquée, de la tête de Zeus ; Asclépios, dieu de la médecine, est tiré par son père Apollon du corps de sa mère, consumé par un bûcher funéraire...

Prométhée, qui vole le feu sacré aux dieux pour l'apporter aux hommes, sera cruellement puni par Zeus. (Tableau de Jan Cossiers, XVIIe siècle.)

dico

Déluge : débordement d'eau qui recouvre la Terre. Provoqué par Dieu selon la Bible, par l'un des dieux dans certaines religions polythéistes, il punit l'humanité de ses méfaits.

Dieu : dans les religions polythéistes, les dieux ont chacun un rôle particulier. Dans les religions monothéistes, Dieu est un être unique, supérieur aux hommes, et inconnaissable.

Et ailleurs

En Inde, Vishnou est l'une des trois principales divinités. Sa mission est d'assurer la conservation de l'Univers. (Gouache de l'école indienne, XXe siècle.)

Dans chaque culture, sur chaque continent, les hommes se sont reconnu des dieux. Ces dieux ont toujours une histoire, racontée dans des mythes. Les lois du groupe humain et sa vision du monde s'enracinent dans ces récits.

En Inde

Les dieux de l'hindouisme sont innombrables. Les plus importants se nomment Brahma, Vishnou et Shiva : le créateur, le préservateur et le destructeur de l'Univers. Vishnou prend une apparence différente chaque fois qu'il descend sur Terre pour punir un méchant ou défendre un juste. Grâce à lui, le monde ne sombre pas dans le désordre.

Au Japon

Sur les îles du petit archipel, les adeptes du shinto adorent une multitude de dieux. Chacun d'entre eux est attaché à une force naturelle et à un lieu – fontaine, arbre ou rocher. Ils ont une forme humaine la plupart du temps. Amaterasu, déesse du Soleil, est le plus important de ces kamis. Leur histoire est racontée dans le *Kojiki*, texte officiel rédigé en 712 après J.-C.

En Amérique centrale

De l'autre côté de l'Atlantique, les Mayas (VIIe siècle av. J.-C.-XVIe siècle), comme les Aztèques (XIIe-XVIe s.), adorent un dieu de la pluie, indispensable aux récoltes, un dieu du maïs, le Soleil, source de toute vie… Leurs mythes racontent comment les dieux ont créé puis détruit les mondes qui existaient avant le nôtre. Il faut les honorer pour qu'ils n'aient pas envie de recommencer…

En Europe

Les Vikings vivaient autour de l'an 1000 en Scandinavie. Dans cet univers de froid, de terribles géants menacent sans cesse les dieux – Thor, dieu du tonnerre, Odin, dieu de la guerre… Les Celtes, eux, ont peuplé entre autres la Gaule et l'Irlande. Leurs mythes content l'histoire de divinités liées à la nature, comme Épona, déesse des chevaux. Le courage est une valeur essentielle pour ces deux peuples.

Le savais-tu ?

Les sociétés dites primitives

Les ethnologues étudient partout dans le monde des sociétés, souvent sans écriture, dont l'organisation repose sur les mythes. Ainsi, les Dogons, au Mali (Afrique noire), sont divisés en agriculteurs et en différentes castes d'artisans. La caste des forgerons est inférieure à d'autres : son ancêtre divin, le premier forgeron, occupé à préparer les outils de fer pour la première moisson n'a donc pas pu donner toute son énergie aux forgerons.

Rama, un sacré héros

Les Vedas, premiers textes sacrés de l'hindouisme, ont été composés entre 1500 et 500 avant J.-C. L'épopée du *Ramayana* raconte les aventures de Rama, incarnation de Vishnou. L'hindouisme est la religion la plus pratiquée de l'Inde.

dico

Dieu : dans les religions polythéistes, les dieux ont chacun un rôle particulier. Dans les religions monothéistes, Dieu est un être unique, supérieur aux hommes, et inconnaissable.

Ethnologue : personne qui étudie la façon de vivre des différents peuples.

Kami : dieu, dans la religion shinto, au Japon.

Religion : ensemble de croyances et de rites partagés par une communauté, et reliant le monde des hommes à celui des dieux.

Au Mali (Afrique noire), les Dogons, peuple primitif privé d'écriture, s'expriment par la peinture et la sculpture. (Sculptures en bois et métal.)

La mythologie grecque et nous

Les mythes grecs ont laissé des traces dans notre imaginaire, dans notre géographie, et se cachent même dans certains noms de fleurs. Ils constituent une référence et une source d'inspiration pour tous les arts, même s'ils ont perdu leur force sacrée.

En Grèce, les mythiques Amazones, des femmes guerrières, ne se laissaient approcher par les hommes qu'une fois par an et uniquement pour assurer leur descendance. (Bronze, 500 av. J.-C)

L'Amazone

En découvrant l'Amérique, au XVIe siècle, les Européens s'attendaient à y rencontrer des créatures sorties tout droit de la mythologie grecque, qui baignait leur imagination. Les Indiens aux cheveux longs leur ont rappelé les Amazones, ces fières cavalières descendantes d'Arès, dieu de la guerre ; c'est pourquoi ils ont nommé Amazone un des fleuves de cette région.

L'Amazone, fleuve d'Amérique du Sud, a une longueur impressionnante : près de 7 000 km. Par son débit, il est le plus puissant fleuve du monde.

Les nymphéas

Les botanistes ont bien souvent puisé dans la mythologie grecque pour baptiser leurs découvertes. Ils ont eu à cœur de trouver un lien entre le prestigieux parrain et le végétal : les nymphéas rappellent les nymphes, gracieuses divinités des sources et des bois.

Sorte de nénuphar, les nymphéas, ravissantes plantes aquatiques, ont inspiré de nombreux peintres, dont le Français Claude Monet.

Divinités féminines de la Grèce et de la Rome antiques, les nymphes, souvent représentées sous l'apparence de jolies jeunes filles, symbolisent la Nature sous toutes ses facettes. (Dessin de G. de Staal, 1850.)

Ces héros qui te poursuivent

Tu ne crois pas à ces histoires, qui ne sont plus sacrées depuis longtemps. Pourtant, d'une façon parfois détournée, elles continuent à faire partie de ton univers, tant elles ont imprégné l'imaginaire occidental.
Tu peux en voir de nombreuses illustrations peintes dans des musées tels que le Louvre. Bien des cinéastes s'en sont inspirés (*Hercule*, de Walt Disney, par exemple). Et au détour d'un livre aussi célèbre que *Harry Potter et la coupe de feu*, tu peux te retrouver nez à nez avec un sphinx amateur d'énigmes...

Les origines du monde

Dans toutes les mythologies, des dieux ont participé à la création du monde. Mais qui a créé ces premiers dieux, puisque avant eux rien n'était formé ?

Zeus, dieu suprême, fait régner sur la Terre l'ordre et la justice. Il est le maître de l'Olympe, résidence de tous les dieux grecs. (Gravure de Jules Ferrario, XIXe siècle.)

En Grèce...

Selon le mythe grec le plus répandu, au début il n'y avait que le chaos. En émergent Gaïa (la Terre), Éros (le Désir), Tartare (l'Enfer) et Érébos (les Ténèbres). Gaïa enfante la mer, les montagnes et le ciel étoilé. En s'unissant à ce dernier, elle donne naissance à une population monstrueuse : Cyclopes, Titans et Cent-Bras.

... Qui régnera ?

Cronos, le plus jeune des Titans, se révolte contre son père, Ouranos ; lui-même dévore ensuite ses enfants de peur qu'ils ne le détrônent, comme on le lui a prédit. Mais Zeus est sauvé de ce terrible sort par sa mère. Au terme de longs combats, il devient le roi des dieux.

Le savais-tu ?

Au meurtre !

Dans plusieurs civilisations, c'est un sacrifice qui donne naissance aux divers éléments de la création. En Mésopotamie, le corps de Tiamat est dépecé dans ce but. En Inde, Purusha, l'homme primordial, est sacrifié pour faire la Terre et le Ciel, les animaux et même les dieux. Chez les Vikings, plusieurs dieux, dont Odin, tuent le géant Ymir pour façonner le monde à partir de son corps.

Japon

Dans les hautes plaines célestes naissent, on ne sait comment, les premières générations de dieux, qui se cachent. Puis viennent au monde les kamis Izanagi et Izanami. Ils contemplent la mer sans bornes, sur laquelle la terre flotte, telle une méduse. Les autres dieux leur ordonnent de

Ces deux rochers rappellent la légende d'Izanagi et Izanami, dieu et déesse, couple créateur dans la mythologie du shinto au Japon. Aujourd'hui encore, les amoureux se rendent en pèlerinage sur ces deux rocs pour être sous la protection de ce couple du bonheur.

Les dieux construisent eux-mêmes les cités des hommes

Après son combat contre Tiamat, Mardouk devient le roi des dieux, comme il l'avait exigé. Les divinités construisent alors Babylone pour y être adorées par les hommes.

consolider cette terre. Pour cela ils leur donnent une lance ornée de pierres précieuses. Izanagi et Izanami montent sur le pont flottant du ciel, sorte d'arc-en-ciel ; ils plongent leur lance dans l'eau puis la soulèvent ; des gouttelettes qui en tombent naît la première terre ferme, île dans l'océan.

Mésopotamie

Selon *L'Épopée de la création*, aux débuts du monde, seule existait l'eau : Apsû était un océan d'eau douce, Tiamat une mer d'eau salée. Se mélangeant, ils donnent naissance aux dieux. Mais Tiamat, excédée par le bruit que fait sa progéniture, décide de l'exterminer, et crée pour l'y aider une armée de monstres et de dragons. Mardouk propose aux autres dieux de la combattre pour eux. Au terme de la lutte, il tue Tiamat et la fend en deux. D'une moitié, il fait le Ciel, de l'autre la Terre. Son foie sera la Lune, ses yeux les fleuves nommés Tigre et Euphrate.

dico

Chaos : dans la mythologie grecque, sorte de désordre généralisé qui a précédé la création de toutes choses. Plus généralement, ce mot désigne un grand désordre.

Cyclope : géant à l'œil unique, situé au milieu du front, dans la mythologie grecque.

Dieu : voir définition *p. 17.*

Kami : dieu, dans la religion shinto, au Japon.

Tiamat : dans la mythologie de Mésopotamie, sorte de personnage divin féminin qui est en même temps un lieu marin. C'est avec son corps que Mardouk crée l'Univers.

Titans : dans la mythologie grecque, dieux des premiers temps, qui sont au nombre de douze. Leur mère est Gaïa, la Terre, et leur père est Ouranos, le Ciel étoilé.

Les humains, créatures à part

Les dieux ont mis un soin tout spécial à fabriquer leur créature préférée, celle qui leur ressemble le plus : l'être humain.

Pourquoi les hommes ?

Tu te demandes peut-être pourquoi les dieux, qui sont si parfaits, se sont embêtés à créer des êtres humains ? Imagine un roi qui n'aurait pas de sujets. Quel intérêt y a-t-il à gouverner un espace vide ? La situation des dieux ressemble à celle de ce roi : pour être honorés, ils veulent qu'on leur donne à manger et à boire, qu'on leur construise des temples et qu'on les prie. Ils créent donc une espèce capable d'accomplir ces actes.

De bons ouvriers

Les Annunaki, grands dieux de Mésopotamie, font faire les durs travaux par les dieux Igigi. Mais ceux-ci en ont assez de façonner la terre et de se fatiguer, ils ne veulent plus travailler ! Pour les remplacer, Enlil décide de créer les hommes : il trempe de l'argile dans le sang d'un dieu, le tout est placé dans des moules… Neuf mois plus tard, le problème est réglé.

Le savais-tu ?

Les hommes sont-ils si différents des animaux ?

Dans les temps reculés du mythe, la frontière n'est pas toujours nette entre hommes, dieux et animaux. Les uns et les autres peuvent changer de forme : Zeus se transforme en taureau ; un même dieu égyptien prend une forme tantôt humaine, tantôt animale ; en un tour de magie, voici des amoureux celtes changés en cygnes…

Trouver la bonne matière

Les Égyptiens aussi croient que les hommes sont faits d'argile. C'est le dieu potier Khnoum qui les façonne sur son tour. Les dieux mayas, eux, ne sont pas arrivés au résultat souhaité du premier coup. Ils ont d'abord essayé de fabriquer les hommes à base de glaise, mais la moindre pluie les liquéfiait. Ils en ont fait en bois, mais ils manquaient d'intelligence. Le résultat de leur dernière tentative, avec du maïs, est parfait. Quant aux anciens Perses, ils pensaient que l'homme et la femme étaient issus d'un pied de rhubarbe.

Fabriquer des humains

Nü Gua ne s'arrête pas là : pour peupler le monde entier sans trop se fatiguer, elle plonge un pied de vigne dans de la boue et le secoue : chaque fragment de boue tombé au sol devient un humain.

Une déesse s'ennuie

Un mythe chinois raconte comment la déesse Nü Gua a créé les humains pour avoir de la compagnie. Cette déesse vit seule sur la Terre. Se voyant dans un miroir, elle a l'idée de façonner un être qui lui ressemblerait. Elle prend de la boue, lui donne forme et la dépose sur le sol. Satisfaite de son œuvre, car l'homme a pris vie, elle recommence jusqu'à ce que la Chine soit peuplée.

dico

Dieu : dans les religions polythéistes, les dieux ont chacun un rôle particulier. Dans les religions monothéistes, Dieu est un être unique, supérieur aux hommes, et inconnaissable.

Enlil : dans la religion des Mésopotamiens, Enlil était le roi des dieux avant d'être détrôné par Mardouk.

Un héros exemplaire

Il existe dans plusieurs mythologies des êtres humains, aux origines souvent divines, qui font preuve d'un courage exemplaire : Cuchulainn chez les Celtes, Gilgamesh en Mésopotamie... Le plus fameux d'entre eux est sans doute le Grec Héraclès (Hercule pour les Romains), incarnation de la force.

Zeus + la mortelle Alcmène

Héraclès

Par jalousie,
Héra, épouse de Zeus,
envoie deux serpents
dans son berceau
pour le tuer.
Héraclès les étrangle.

Héraclès épouse Mégara dont il a plusieurs enfants (3 ou 8 selon les sources). Héra lui envoie une crise de folie -> Héraclès tue ses enfants.

Il demande à un oracle comment il peut se punir. La réponse : il doit se mettre sous les ordres de son cousin Eurysthée, qui va lui ordonner douze travaux surhumains :

1 rapporter la fourrure de l'invincible lion de Némée
2 tuer l'hydre de Lerne, un serpent à neuf têtes
3 capturer le sanglier d'Érymanthe
4 attraper la biche aux cornes d'or du mont Cérynie
5 abattre les oiseaux du lac Stymphale, mangeurs de chair humaine
6 maîtriser le taureau qui terrorise la Crète

7 tuer les juments du roi Diomède, nourries de chair humaine
8 dérober la ceinture de la reine des Amazones, Hippolyte
9 nettoyer les écuries du roi Augias, si sales qu'Hercule doit pour cela détourner deux fleuves
10 capturer les bœufs de Géryon
11 cueillir les pommes d'or du jardin des Hespérides
12 ramener Cerbère, le chien à trois têtes gardien des enfers

Héraclès réussit tous ces exploits et bien d'autres, et les dieux lui accordent l'immortalité sur le mont Olympe.

Le roi Soleil

Qui est donc le Soleil, qui voyage dans le ciel en donnant chaleur et lumière ? Un dieu puissant, assurément.

Le savais-tu ?

Quand le Soleil se fâche

À une époque reculée, dit-on, Rê était roi des dieux et de l'Égypte. Un jour, il apprend que les hommes veulent se rebeller contre lui. Pour les punir, il leur envoie la terrible déesse lionne Sekhmet, qui commence à les exterminer. Rê arrête le carnage juste à temps pour qu'il reste des humains sur la Terre.

Les pouvoirs du Soleil

Sans le Soleil, pas de vie sur Terre. Mais justement, chaque soir il disparaît… Où va-t-il ? Reviendra-t-il demain matin ? Tantôt visible, tantôt caché, il est adoré presque partout : il fait régner l'ordre dans l'Univers, en lui imposant le rythme des jours, des saisons et de l'année. Le roi, qui gouverne la société des hommes, est considéré comme son descendant sur Terre dans plusieurs civilisations : lui aussi est puissant, lui aussi fait régner l'ordre.

Rê en Égypte

Dans ce pays, le Soleil a été associé à plusieurs divinités, dont Rê. Il a pour symboles Aton, le disque solaire, mais aussi le scarabée. Selon un des mythes, Rê voyage dans sa barque céleste pendant le jour ; le soir, il change d'embarcation pour descendre dans les profondeurs. Là, chaque nuit, le terrible serpent Apopis tente de l'avaler pour l'empêcher de renaître le matin. Mais il échoue sans cesse… Le pharaon est considéré comme le fils du Soleil.

Dieu du Soleil dans l'Égypte ancienne, Rê, souvent représenté sous la forme d'un faucon, a une influence considérable. À partir de l'Ancien Empire, tous les pharaons se proclameront fils de Rê.

Amaterasu au Japon

Elle est la « *grande divinité qui illumine le Ciel* ». Ce kami de la religion shinto se réfugie un jour dans une grotte, dont elle bouche l'entrée : elle veut échapper à son frère Susanowo, qui lui dispute le royaume céleste. Voici le monde plongé dans les ténèbres. Les autres kamis inventent alors une ruse : ils font croire à Amaterasu qu'une déesse plus puissante qu'elle leur est apparue. Amaterasu, curieuse, jette un coup d'œil dehors, voit son reflet dans un miroir, sort… les dieux s'emparent d'elle, et le monde retrouve la lumière. Jusqu'en 1946, l'empereur du Japon a été considéré comme le descendant d'Amaterasu. Les sanctuaires de ce kami sont toujours des lieux de pèlerinage.

Inti, soleil américain

Les Incas, un peuple d'Amérique du Sud, vénéraient plusieurs dieux. Un des plus importants était Inti, dieu du Soleil. L'empereur des Incas était considéré comme le fils d'Inti. À sa mort, son corps était momifié et vénéré comme une divinité.

La déesse du Soleil au Japon, Amaterasu, attirée par les autres dieux, s'apprête à sortir de la grotte où elle s'était cachée.

Des adoratrices pour l'empereur

De jeunes filles incas, les aclla, passaient leur existence à honorer Inti, en entretenant un feu sacré ; elles tissaient aussi les vêtements de l'empereur et préparaient sa nourriture.

dico

Dieu : dans les religions polythéistes, les dieux ont chacun un rôle particulier. Dans les religions monothéistes, Dieu est un être unique, supérieur aux hommes, et inconnaissable.

Kami : dieu, dans la religion shinto, au Japon.

Pharaon : roi qui régnait sur l'Égypte antique.

Religion : ensemble de croyances et de rites partagés par une communauté, et reliant le monde des hommes à celui des dieux.

Des déluges

Quand les dieux se fâchent, l'humanité peut trembler : son existence ne vaut pas cher ! Mais alors, pourquoi y a-t-il toujours des hommes ? Les divinités nous auraient-elles finalement pris en pitié ?

Le savais-tu ?

Noé, le rescapé biblique

Noé, lui aussi, est un juste, sauvé grâce à la volonté divine : c'est ce que raconte la Bible dans le livre de la Genèse (comme le montre la céramique ci-dessus). De nombreux indices montrent que son histoire doit beaucoup au mythe mésopotamien, dont elle a hérité. Là encore, Noé a pour tâche, une fois le déluge terminé, de recréer l'humanité.

De l'eau partout

Souvent, les dieux s'emportent parce que les hommes n'ont pas été sages : ils ne croient plus en leurs divinités, ne les honorent pas assez, sont devenus méchants ou bruyants… Pour les punir, ce ne sont pas les armes qui manquent : le feu, la pluie, les tempêtes, rien n'arrête les dieux. Mais, dans plusieurs civilisations, les dieux semblent avoir un faible pour le déluge. Pour que les humains ne disparaissent pas complètement, ils en sauvent un ou deux, particulièrement bons, afin qu'ils donnent naissance à une nouvelle humanité, plus digne de ce nom.

En Mésopotamie

Les hommes sont très utiles aux dieux, mais ils sont devenus trop nombreux, et font trop de bruit. Enlil veut les exterminer par les maladies puis par la famine, mais à chaque fois le dieu Enki, ami des hommes, déjoue ses plans.

Finalement, Enlil leur expédie un déluge qui submerge la Terre durant sept jours et sept nuits. Seul survit Atrahasis, dit le « Supersage », qui, instruit par Enki, s'est embarqué à temps sur un bateau avec les siens et un couple de chaque espèce animale.

En Grèce

Zeus est furieux contre les hommes, parce que Prométhée leur a donné le feu en cachette. Il leur envoie un déluge pour les exterminer. Mais Prométhée prévient en secret Décalion, un homme juste, qui se réfugie dans une embarcation avec sa femme Pyrrha.

Ils échouent enfin en haut d'une montagne, où un oracle leur dit : « *Jetez derrière vous les os de votre mère !* », c'est-à-dire des pierres, os de Gaïa, la Terre. Les pierres de Décalion se changent en hommes, celles de Pyrrha en femmes.

Et aussi en Inde

Manu, le premier homme, sauve un poisson, qui est en fait une des apparences du dieu Vishnou. En signe de reconnaissance, le poisson le prévient qu'un déluge va tout dévaster. Manu transporte sur un bateau des animaux de toutes sortes, et sauve ainsi les êtres vivants de la catastrophe.

Une bonne douche, et ça repart

Après le déluge, les humains sont régénérés : c'est comme une nouvelle naissance après un bref retour du chaos initial.

Une histoire qui finit bien

Enlil finit par pardonner à « Supersage » d'avoir survécu, et lui accorde l'immortalité.

dico

Chaos : dans la mythologie grecque, sorte de désordre généralisé qui a précédé la création de toutes choses. Plus généralement, ce mot désigne un grand désordre.

Déluge : débordement d'eau qui recouvre la Terre. Provoqué par Dieu selon la Bible, par l'un des dieux dans certaines religions polythéistes, il punit l'humanité de ses méfaits.

Dieu : dans les religions polythéistes, les dieux ont chacun un rôle particulier. Dans les religions monothéistes, Dieu est un être unique, supérieur aux hommes, et inconnaissable.

Enlil : dans la religion des Mésopotamiens, Enlil était le roi des dieux.

Exterminer : tuer, massacrer jusqu'au dernier être vivant.

Genèse : premier livre de la Bible, qui contient le récit de la création.

La vie après la mort

Que se passe-t-il après la mort ? Ce mystère absolu, aujourd'hui comme hier, suscite les angoisses et attise l'imagination.

Les Grecs

Le dieu Hadès règne sur les Enfers qui portent son nom. Les morts qui ont reçu une sépulture s'y rendent en traversant un fleuve sacré, le Styx, dans la barque du vieux Charon, chargé d'assurer ce voyage. Cerbère, le chien à trois têtes, leur interdit d'en sortir. Les âmes des justes vont aux Champs Élysées, lieu de félicité éternelle. Mais malheur à ceux qui ont bravé les dieux ! Ils doivent endurer un supplice dans le Tartare. Ainsi, Sisyphe, roi de Corinthe, qui a emprisonné Thanatos, dieu de la mort, doit rouler un rocher jusqu'au sommet d'une montagne, dont il dégringole sans cesse.

Le savais-tu ?

Un marché de dupes

La tradition occidentale compte, comme la tradition grecque, des légendes où un héros quasi mythique se condamne aux tourments de l'enfer pour avoir défié Dieu. Le savant Faust refuse les limites humaines du savoir. Le diable lui propose de l'aider, en échange de quoi Faust devra lui livrer son âme. Faust accepte.

Une saison en enfer

Déméter, déesse des moissons, a eu de Zeus une fille nommée Perséphone. Hadès, amoureux de la jeune fille, l'enlève et la conduit aux Enfers. Déméter est inconsolable ; elle erre sur la Terre et rend le sol stérile. Pour y mettre bon ordre, Zeus ordonne à Hadès de libérer Perséphone. Mais celle-ci a goûté la nourriture des Enfers, ce qui l'oblige à y vivre ! Zeus décide alors que la jeune fille passera chaque hiver sous terre, près de son époux, et reparaîtra à l'air libre quand germent les semailles.

La pesée de l'âme en Égypte

Comment revivre après la mort ? D'abord, tout comme Osiris, il faut qu'un embaumeur prépare le corps à cette épreuve. Une fois devant Osiris, l'âme du défunt est pesée sur une balance. Si elle est plus légère que la plume symbolisant Maat, déesse de la justice, le mort peut jouir d'une existence éternelle auprès des dieux. Sinon, un monstre, la Dévoreuse, n'en fait qu'une bouchée.

Ni vu ni connu

Hadès signifie « l'invisible » : ce dieu possède un casque qui permet à celui qui le porte de ne pas être vu.

Sur ce papyrus funéraire, tu vois bien comment se déroulait le passage aux Enfers : après la pesée, le sort du mort dans l'au-delà était réglé.

Le paradis des Vikings

La bravoure est une grande vertu pour ce peuple guerrier. Aussi les combattants fauchés sur le champ de bataille ont-ils droit à un sort particulier : les Walkyries les emportent jusqu'à l'Asgard, paradis des guerriers. Là, les héros festoient avec Odin, dieu et seigneur des lieux, dans une salle somptueuse nommée Walhalla. Les autres morts s'en vont sous terre dans un sombre royaume dirigé par Hel, une effrayante déesse.

dico

Dieu : dans les religions polythéistes, les dieux ont chacun un rôle particulier. Dans les religions monothéistes, Dieu est un être unique, supérieur aux hommes, et inconnaissable.

Embaumeur : chez les Égyptiens en particulier, personne qui prépare le corps du mort, puis l'enroule dans des bandelettes afin qu'il reste intact pour son voyage dans l'au-delà.

Félicité : bonheur total, calme et durable.

Tartare : région située tout en bas des Enfers, selon la mythologie grecque. C'est dans le Tartare que les grands coupables subissent leur supplice.

Walkyries : dans la mythologie viking, esprits féminins chevauchant dans le ciel, et qui, sur ordre du dieu Odin, emportent au Walhalla les guerriers morts au combat.

Les mythes sont-ils de l'histoire ancienne ?

Dans le film *Lancelot*, de Jerry Zucker, 1995, avec Sean Connery (le roi Arthur) et Richard Gere (Lancelot), tu retrouveras la Table ronde et ses chevaliers.

Les mythes sont toujours liés à une religion. À un moment donné de l'Histoire, les gens y croient vraiment et rendent un culte à leurs héros. Et nous, avons-nous toujours des super-héros ?

Le savais-tu ?

Le cinéma au secours des héros

Que les héros soient terribles ou magnifiques, qu'ils menacent l'ordre du monde ou le rétablissent, ils doivent une bonne partie de leur célébrité au cinéma. Leurs aventures sur grand écran leur ont fait faire le tour du monde. C'est souvent en période de crise que le cinéma s'approprie des héros ou en crée. Les Américains, par exemple, ont parfois tenté de se forger à travers leurs films une image de sauveurs du monde.

Ils ne descendent plus du ciel

Les héros des mythologies n'ont pas été inventés par un auteur : leur histoire se perd dans la nuit des temps, et est souvent transmise de façon orale. Les héros n'ont pas non plus existé dans la réalité, même si parfois un personnage historique porte le même nom que l'un d'entre eux. Ainsi, en Mésopotamie, un roi nommé Gilgamesh a bien existé, mais il n'a sans doute pas grand-chose à voir avec le héros qui cherche le secret de l'immortalité.

Le roi Arthur

Dans les sociétés occidentales modernes, il existe toujours des héros, mais ils ne sont plus liés à une religion. Leur histoire ressemble plus à une légende qu'à un mythe, car elle emprunte des éléments à la réalité historique. Au Moyen Âge est née la célèbre histoire du roi celte Arthur. Avec ses chevaliers de la Table ronde, il part à la recherche du Saint-Graal.

Frankenstein

Plus près de nous, d'autres héros ont vu le jour. C'est l'écrivain Mary Shelley qui a inventé, en 1818, la terrible histoire de Frankenstein. Un jeune et génial étudiant découvre le secret de la vie. Il assemble des morceaux de chair, récupérés dans des cimetières, et met au point un horrible géant. Mais son rêve tourne au cauchemar : il ne peut pas maîtriser sa créature ! Cette histoire montre que l'homme ne doit pas tenter d'égaler Dieu, et que la science est dangereuse lorsqu'elle est entre les mains d'un orgueilleux.

Batman et Superman

Au XXe siècle, de grands héros sont nés dans l'imagination de créateurs de BD. Batman, « l'homme chauve-souris », a été inventé en 1939. Ses pouvoirs extraordinaires lui permettent de rétablir l'ordre là où tous les autres ont échoué. Quant au célèbre Superman, créé en 1938, venu d'une planète lointaine, il se fait passer pour un simple journaliste sauf lorsqu'il doit sauver le monde grâce à ses super-pouvoirs.

Une héroïne à la française

Le cinéma français a lui aussi produit des héros. *Le Fabuleux Destin d'Amélie Poulain* propose une douce héroïne qui ne sait ni voler, ni user des pouvoirs de sauveur du monde ; pourtant, la fraîcheur du regard qu'elle porte sur les autres va changer leur vie, comme par miracle.

dico

Culte : *hommage religieux rendu à une divinité ou à un saint personnage.*

Dieu : *dans les religions polythéistes, les dieux ont chacun un rôle particulier. Dans les religions monothéistes, Dieu est un être unique, supérieur aux hommes, et inconnaissable.*

Orale (transmission) : *façon dont certaines histoires, certains savoirs sont transmis par la parole de génération en génération, surtout lorsqu'il n'en existe pas de forme écrite.*

Religion : *ensemble de croyances et de rites partagés par une communauté, et reliant le monde des hommes à celui des dieux.*

Saint-Graal : *vase sacré dont Jésus se serait servi lors du repas de la Cène, et dans lequel son sang aurait été recueilli quand il a été crucifié.*

Quiz

Maintenant que tu as lu cet « Essentiel Milan Junior », qu'en as-tu retenu ? Ce quiz te permettra de tester tes connaissances.

Attention : parfois plusieurs réponses sont possibles.

1 Dans le shinto, Amaterasu est la déesse :
A de la Lune.
B du Soleil.
C des Enfers.

2 Les dieux Annunaki de Mésopotamie ont créé les êtres humains :
A pour les faire travailler à leur place.
B pour passer le temps.
C pour voir s'ils étaient capables de le faire.

3 Pourquoi les Aztèques sacrifiaient-ils des êtres humains ?
A Parce qu'ils étaient cruels.
B Pour punir ceux qui avaient fait quelque chose de mal.
C Pour donner à manger aux dieux et les apaiser.

4 Le Grec Homère a écrit :
A L'*Iliade.*
B L'*Odyssée.*
C *Les Métamorphoses.*

5 Pour les Égyptiens, le dieu du Nil en crue se nomme :
A Osiris.
B Horus.
C Hâpy.

6 À quoi ressemblent les dieux grecs ?
A À des hommes.
B À des animaux.
C À des plantes.

7 Les Romains ont adopté les dieux grecs.
A Vrai.
B Faux.

8 Le dieu de l'hindouisme Vishnou prend une forme différente chaque fois qu'il descend sur Terre.
A Vrai.
B Faux.

9 Selon le shinto, avec quoi Izanagi et Izanami créent-ils la première terre ferme ?
A Un lance-pierre.
B Un lasso.
C Une lance.

10 On trouve un mythe du déluge dans la mythologie :
A de Mésopotamie.
B de Grèce.
C d'Inde.

11 Chez les Grecs, qui empêche les morts de sortir des Enfers ?
A Un cheval ailé.
B Un loup affamé.
C Un chien à trois têtes.

12 Selon les Vikings, où vont les guerriers morts au combat ?
A Dans de terribles enfers.
B Dans un paradis nommé Walhalla.
C Nulle part, ils ne revivent pas.

Pour t'aider dans ton exposé

Le sujet de cet « Essentiel Milan Junior » t'a passionné, et il pourrait intéresser ta classe… Que le professeur te demande de choisir un thème ou que tu en proposes un, tu dois l'avoir bien compris et respecter des règles simples.

1 Le choix du sujet

Thèmes et sources d'information

Choisis un sujet limité, pour que ton public te suive : un thème, comme le déluge, ou une mythologie particulière, par exemple celle de la Grèce. Va à la pêche aux informations : à la bibliothèque de ta ville, au CDI. Utilise la bibliographie de la page 36, et l'index de la page 37.

2 La prise de notes

Est-ce que je dois tout lire ?

Tu ne peux pas lire tous les livres en entier. Consulte leur sommaire ou leur index pour trouver les pages qui se rapportent à ton sujet. Si tu utilises Internet, il ne suffit pas d'imprimer une page d'encyclopédie pour que ton exposé soit fini ! L'organisation, les idées, les phrases, tout doit être de toi !

Comment vais-je prendre des notes ?

Une fois ta documentation réunie, note sur des feuilles les informations les plus intéressantes, en les résumant. Ne parle pas de choses que tu ne maîtrises pas, les autres ne comprendront pas, et tu ne pourras pas leur expliquer. Fais un plan précis en détaillant les différentes parties (une feuille par partie).

3 Ton exposé est prêt ?

Teste-le sur un proche. Il pourra t'aider à corriger tes défauts (gestes, maladresses d'expression…). Devant la classe, annonce ton plan (tu peux l'écrire au tableau). Ne parle pas trop vite. Ne lis pas tes notes, regarde ton public, et écris les mots difficiles au tableau. Tu peux montrer des photos, faire circuler des documents : fragments de textes anciens, représentations de dieux, de scènes mythologiques… Mais pas trop, tes camarades risquent de perdre le fil de ton exposé.

Pour aller plus loin

Des livres pour approfondir tes connaissances sur les grandes mythologies

- ***Dieux, Mythes et Héros***, Philip Neil, coll. « Les yeux de la découverte », Gallimard Jeunesse, 1999.
- ***Mythologies du monde entier***, sous la direction de Roy Willis, Bordas, 1995.
- ***Mythologies***, Sylvie Baussier, coll. « Imagia », Fleurus, 2000.
- ***Encyclopédie des mythologies du monde***, Casterman, 1995.
- ***Les Plus Belles Histoires de la mythologie***, Viviane Kœnig, De La Martinière Jeunesse, 1999.

Et sur certaines en particulier

- ***Les Secrets de la mythologie***, Dominique Pierre, Seuil Jeunesse/RMN, 2001 (mythes grecs).
Les illustrations de ce petit livre montrent combien la mythologie a inspiré les artistes au fil des siècles.
- ***Contes et légendes de la mythologie grecque***, Claude Pouzadoux, Nathan, 1998.
- ***Légendes celtes***, Vladimir Hulpach, Gründ, 2000.

Pour savoir en détail comment les hommes ont imaginé le commencement de l'Univers

- Coll. « Les naissances du monde », Actes Sud Junior : des livres sur les mythologies tibétaine, égyptienne, grecque, navajo…

Pour découvrir une légende précise

- Folio Benjamin, coll. « Les histoires de la mythologie » ? ***L'Histoire d'Isis et d'Osiris***, ***L'Histoire d'Ulysse et du cyclone***, ***L'Histoire de Rê, le dieu Soleil***, ***L'Histoire de Krishna***…
- ***L'Épopée de Gilgamesh***, Ludmila Zeman, Toundra/Grandir, 1995.
- ***Les Douze Travaux d'Hercule***, Dominique Buisset, coll. « Castor Poche », Flammarion, 1998.

Autres pistes

- Site Internet du musée du Louvre : **www.louvre.fr**
(notamment pour les domaines grec et égyptien).
- CD-Rom du Louvre : ***La Mythologie antique***.

Index

Réponses au quiz

1	B	**7**	A
2	A	**8**	A
3	C	**9**	C
4	A et B	**10**	A, B et C
5	C	**11**	C
6	A	**12**	B

Responsable éditorial : Bernard Garaude
Directeur de collection : Dominique Auzel
Assistante d'édition : Christine Dumolard
Correction : Claire Debout
Iconographie : Sandrine Batlle
Conception graphique : Anne Heym
Maquette : Isocèle
Couverture : Bruno Douin

Illustrations : Frédéric Pillot pour les pages 3, 6-7, 23, 24-25 et J.-C. Pertuzé pour les pages 4, 5, 22, 30

CRÉDIT PHOTO
couverture : (haut) *Ulysse et les sirènes*, 1910 - Herbert James Draper - © City Art Gallery - Bridgeman - Giraudon / (bas et dos) © Frédéric Pillot
pp. 4-5 : R. Clavaud - Milan Presse / pp. 8 et 9 : © Leemage
p. 10 : © Explorer / pp. 11, 12 : © Bridgeman - Giraudon
p. 15 : © Akg Paris / p. 16 : © Bridgeman - Giraudon /
p. 17 : © Werner Forman - Akg Paris /
p. 18 : © Explorer (droite), © Bridgeman - Giraudon (Gauche) / p. 19 : © Leemage (Gauche), © J.-L. Paumard - Colibri (droite) / p. 20 : © Leemage /
p. 21 : © Werner Forman - Akg Paris /
p. 26 : © François Guenet - AKG Paris /
p. 27 : © Asian Art & Archaeology, Inc. - Corbis /
p. 28 : © Photo RMN - R. G. Ojeda /
p. 31 : © Photo RMN / p. 32 : © Cat's

300, rue Léon-Joulin,
31100 Toulouse France

Dépôt légal : octobre 2002.
ISBN : 2-7459-0425-6
Imprimé en Espagne.

LES ESSENTIELS MILAN JUNIOR

Derniers titres parus

1. Toi, futur citoyen
Sylvie Furois

17. Dire non à la violence
Emmanuel Vaillant

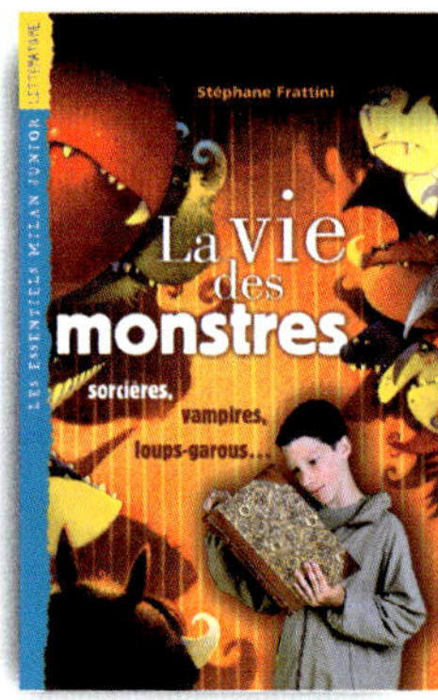

31. La vie des monstres : sorcières, vampires, loups-garous...
Stéphane Frattini

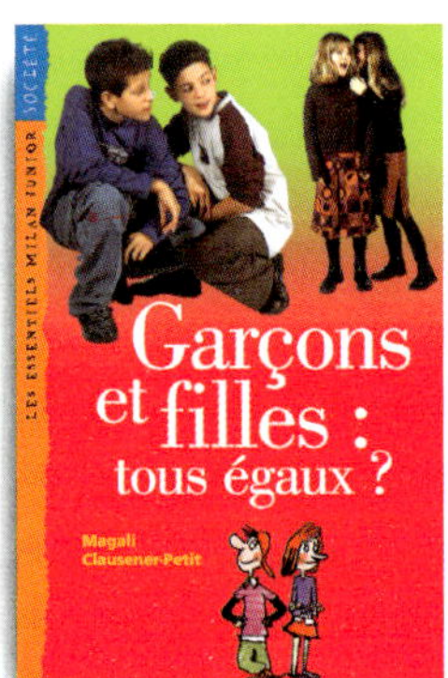

32. Garçons et filles : tous égaux ?
Magali Clausener-Petit

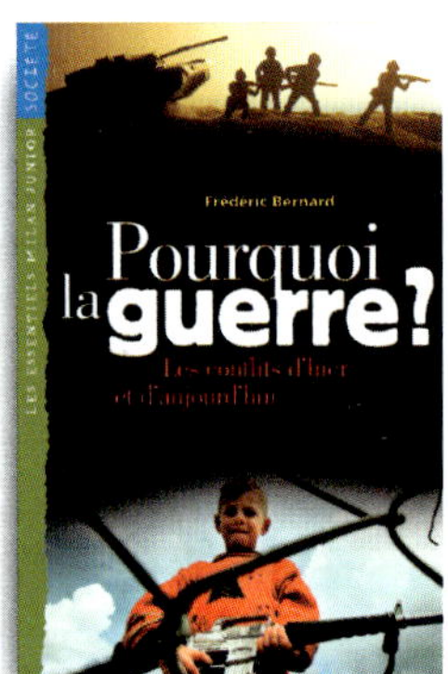

33. Pourquoi la guerre ? Les conflits d'hier et d'aujourd'hui
Frédéric Bernard